VERSAILLES ET PARIS

EN 1871

Il a été tiré de cette édition :

75 exemplaires sur papier de Chine

Tous droits réservés

Versailles et Paris

EN 1871

D'APRÈS LES DESSINS ORIGINAUX

DE

Gustave DORÉ

PRÉFACE DE M. GABRIEL HANOTAUX

DE L'ACADÉMIE FRANÇAISE

PARIS

LIBRAIRIE PLON

PLON-NOURRIT et Cie, IMPRIMEURS-ÉDITEURS

8, RUE GARANCIÈRE — 6^e

1907

Tous droits de reproduction et traduction
réservés pour tous pays.

Published 5 December 1906.
Privilege of copyright in the United States reserved under the Act approved March 3ᵈ 1905 by Plon-Nourrit et Cⁱᵉ.

L'album original est dédié par Gustave Doré à Mme L. Bruyère et porte en tête la note suivante :

Quand Gustave Doré quitta Paris, pendant la durée de la Commune (avril-mai 1871), il fut reçu à Versailles, ainsi que sa mère, chez d'anciens amis, et voulut bien leur laisser, en souvenir de son séjour, ces spirituels croquis remplis d'humour, mêlés d'observation profonde sous le masque plaisant qu'il prêtait aux différents types reproduits par son intarissable imagination.

Il serait inutile de chercher à retrouver la moindre personnalité touchant les représentants de la Chambre d'alors; seulement, le soir, au milieu de ses amis, au bruit répété du canon du Mont-Valérien et des hauteurs de Montretout, tonnant à toute volée contre Paris, au souvenir saisissant de ces longs convois des prisonniers de la Commune ramenés de Paris dans les avenues de Versailles, à l'aspect de ces malheureux aux visages abrutis, contractés par la haine, la rage et la souffrance d'une longue marche, sous un soleil ardent, il se plaisait, par un contraste émanant de son génie rêveur et scrutateur, à retracer d'une main habile et rapide ces ébauches de sa pensée, si précieuses à tant de titres aujourd'hui.

En souvenir de ses vieux amis.

L. BRUYÈRE.

Versailles, ce 8 février 1877.

PRÉFACE

Ainsi, le dessinateur prestigieux, l'artiste impressionnable qu'était Gustave Doré, réfugié à Versailles pendant les tristes journées, ne pouvait s'arracher au spectacle qu'il avait sous les yeux. Il suivait les séances de l'Assemblée ; il courait le long des avenues solennelles au-devant des cortèges de gardes nationaux prisonniers, partagé entre les deux émotions, irrité par les folies adverses; et son crayon allait de lui-même : les doigts traduisaient les vibrations du cœur; l'imagination saisissait le type sous la figure et la leçon sous le drame; l'attention patriotique burinait le trait et cherchait, sur la physionomie des hommes, la ressemblance des âmes responsables de tels événements!

L'art est un témoin : sa déposition ne trompe pas. Ce qu'il y a de spontané, d'inconscient et de réflexe en lui est la garantie de sa sincérité. Les œuvres artistiques ne sont-elles pas éminemment, selon le mot de Victor Hugo : *choses vues*?

Le cœur saignant de l'Alsacien subit, dans l'asile où il était tapi, le contre-coup des fureurs dont la ville où il était né payait la rançon. Après la guerre, la Commune; Paris brûlé après Strasbourg cédé : car c'est à cela qu'aboutit le gonflement de joues et le ballonnement verbal du siècle. Faillite finale de tous les romantismes! Défaite et guerre civile, lutte à la Goya dans un clair-obscur à la Rembrandt. Regardez ces têtes : elles racontent une époque.

Gustave Doré n'eut que des parties du grand artiste : mais ce qu'on ne peut lui dénier, c'est la verve et la véhémence. Souvent son génie s'égare hors de la réalité : mais, ici, la réalité s'empare de lui, s'impose à lui et, s'il l'interprète encore, plutôt qu'il ne la transcrit, c'est par un scrupule, une pudeur d'honnête homme qui ne voudrait pas aigrir son œuvre vengeresse par l'amertume de la « personnalité ».

Les deux Frances qui luttaient l'une contre l'autre en 1871, les deux Frances qui se regardaient avec horreur, d'une rive à l'autre de la Seine, du coteau de Saint-Cloud à la colline de Montmartre, — reliées seulement par l'arc-en-ciel des obus alternant entre Issy et le Mont-Valérien, — ces deux Frances sont vivantes ici.

D'une part, l'Assemblée, d'autre part, la Commune; d'une part, les « Versaillais », d'autre part, les « fédérés »; d'une part, les « ruraux », d'autre part, les Parisiens. Ces Français adverses se haïssaient jusqu'à la mort. Ah! la France n'était pas belle, alors!

Ces masques de guerre civile sont si puissamment tragiques qu'ils en deviennent comiques : tels, du moins, ils apparurent à l'artiste observateur. Si le combat se livrait pour des causes profondes et hautes à la fois, il ne se le demanda pas; il ne vit que les effets immédiats, les poses violentes, les attitudes théâtrales, les gestes cocasses, les rictus affreux.

Il vit, chez les uns, la solennité prétentieuse, l'assurance infatuée, le gongorisme vide de la pensée et de la phrase, la vulgarité à fleur de peau, la rapacité à fleur de visage, le tremblement de la peur, tous les signes de la dégénérescence chez les fameuses « classes dirigeantes » qui avaient si mal dirigé.

Ce qui le frappa chez les autres, c'est l'outrance maniaque, la déchéance imbécile, les tares, les stigmates bourgeonnant dans une crise de misère physiologique accrue par un accès de folie obsidionale.

Et, des deux côtés à la fois, il observa ce déséquilibre des facultés, cette boursouflure universalisée, cette manie raisonneuse, ce sentimentalisme baveux, cet égoïsme niais, cette solennité dans la bêtise ou dans le crime qui marquèrent la banqueroute du siècle. Oui, c'était bien ainsi que devait finir l'explosion de vanité individuelle et nationale qu'avait été le romantisme littéraire et politique!

Ces hommes qui revêtent l'habit noir et la cravate blanche pour « gravir les degrés de la tribune française » et ces autres hommes en uniformes délabrés et en képis innommables que la défaite pousse comme un troupeau, sous le soleil de mai, dans les avenues du Grand Roi, ces hommes ont eu, dans leur jeunesse, un idéal, les uns Napoléon, les autres Lamartine, les autres Proudhon... Comment les dogmes finissent!

Il y a des figures vraiment sinistres, tel ce président à l'œil d'oiseau de proie qui crie : « Vous n'avez pas la parole, monsieur Tirard. » Il y en a d'épiques dans le fantasque : tel ce Galilée incompris qui clame : « Non, messieurs, non, on n'arrête pas la pensée plus qu'on n'arrête la course du soleil!..., »

Il y en a de délicieux, tel le séminariste à la voix flûtée qui insinue : « J'ai besoin, messieurs, de toute l'indulgence de l'assemblée! » Il y en a de prodigieux par l'intensité de l'expression vicieuse : ainsi le groin qui grogne : « Dans un état de choses pareil, quelle serait, je vous prie, messieurs, la condition de la femme? »

Un, enfin, est vraiment monumental comme image d'un temps où la « question des loyers » a déchaîné une révolution; c'est le ventre boutonné qui éructe : « Messieurs, dans tout ce déluge de projets, d'amendements, de lois, de propositions et de contre-propositions qui se succèdent sur la question si complexe du loyer, je vois un personnage que vous oubliez sans cesse, LE PROPRIÉTAIRE! »

Ceux-ci étaient les vainqueurs ; les autres étaient les vaincus. Le crayon de Gustave Doré ne les a pas tant raillés qu'expliqués : ils étaient trop misérables! Pourtant il a piqué, de la pointe du style, l'homme à thèses, le grandiloquent aux cheveux hirsutes, le professeur de phraséologie sonore, — poltronne un jour et un jour cruelle : « Oui, messieurs, je veux l'ordre dans la liberté, la liberté dans l'ordre, l'ordre dans la discussion libre, la discussion dans la loi, la loi dans le progrès, le progrès dans la liberté; voilà ce que je veux !... » Mais le plus admirable, n'est-ce pas le bohème révolutionnaire, gobe-mouches de toutes les calembredaines, ramasseur sincère des bouts de cigares que la calomnie et la haine jettent sur le trottoir au risque de brûler la cité : « *Vous ne savez pas ce qu'on dit? On dit que M. Devienne, avec M. Jules Favre et M. de Bismarck, est en train de former un régiment de curés habillés en sergents de ville!... Où allons-nous?... Pauvre France!...* » Ah! le redoutable béjaune, le sinistre imbécile, le tragique idiot!

On les comptait par milliers, « formant leurs bataillons », criant « au sang impur », victimes lamentables de ce qui fut suprêmement le mal du siècle, la phrase!

Celui-ci suffirait pour les couvrir tous de son image shakespearienne, si le maître ne s'était amusé à épingler, au passage, un autre insecte précieux, le bellâtre international, à la chevelure débordante, à la moustache cosmétiquée, Polonais ou garibaldien, décrits d'autre part, avec tant de précision, devant la commission d'enquête : « De l'Est arrivaient par troupes les débris de l'armée garibaldienne, des hommes à chemise rouge, avec une plume de paon derrière la tête, qui entraient dans la ville, l'air décidé, comme en pays conquis... »

Plus d'un, parmi ceux-là, achevaient dans le ruisseau le geste du « dandy » à la Brummell ou à la Grammont-Caderousse. Gustave Doré les connaissait bien. Il les avait vus de près sous l'Empire. Il avait fréquenté les cercles et les bureaux de rédaction, les cafés et les coulisses de théâtre, les courses de Longchamp et les plages à la mode : peut-être avait-il été, comme tant d'autres, reçu à Compiègne. « Farces amères! » le mot est de Rochefort.

Las, dépris, méditant sur les ruines de son temps et de son œuvre, Gustave Doré était dans la disposition d'âme qu'il fallait, en cette retraite de Versailles où l'accompagnait sa mère, l'Alsacienne, pour voir et peindre les dessous grotesques de ces choses tristes.

Mais, comme il y avait aussi, en lui, l'optimiste ardent et copieux que son œuvre révèle, comme il était, malgré tout, du cru et de la race, brave homme, homme de cœur, bon ouvrier que le travail console et retrempe, sa tristesse elle-même s'épanouit en joie dans ces pages d'ironie puissante et débordée, — à la Falstaff!

Il y inscrivit ce qu'il avait observé ; et, sans autre souci que d'être vrai et humain, pensant que l'avenir saurait bien retrouver, dans le document, la leçon, il livra la bouteille à la mer et confia à ses amis chers ce recueil sans prix où la bonne humeur l'emporte même sur le deuil et où la confiance obstinée sourit parmi les larmes.

Gabriel HANOTAUX.

L'ASSEMBLÉE NATIONALE

 1871

Monsieur Tirard, vous n'avez pas la parole……

« à l'ordre ! à l'ordre !..... la question préalable
..... assez ..... ! l'ordre du jour pur et simple !.....
..... assez ! ..... »

Messieurs, la détermination que vous allez prendre est une détermination des plus graves Louis.

Ca Messieurs, je veux l'ordre dans la liberté, la liberté dans l'ordre, l'ordre dans la discussion libre, la discussion dans la loi, la loi dans le progrès, le progrès dans la liberté ; voilà ce que je veux !......

« Messieurs, en face du Deuil que nous ressentons tous
également dans cette enceinte......... »

Non, Messieurs, non ! on n'arrête pas la pensée, pas plus que l'on n'arrête le cours du soleil.

Pour Dieu, Messieurs, pas d'ambiguité !...
De deux choses l'une : ou la France sortira de cette
crise fatale et alors ce sera son salut ; ou elle
y succombera et touchera jusqu'au fond de l'abime —
— alors ce sera sa chute ......

Vous délibérez encore, Messieurs, et Catilina est aux portes de Rome !!!!!!!!

« En vérité, messieurs, le gouvernement doit-il répondre à de pareilles allégations ?..... »

Et d'abord Messieurs, je rends hommage à l'élévation des sentiments et à la profonde pensée politique qui ont inspiré les paroles de M. le Ministre de l'Intérieur...

Thiers. — J'attendrai que le silence se rétablisse.

« Messieurs, je ne suivrai pas mon honorable collègue sur le terrain dangereux où il veut engager ce débat..... »

hé bien ou messieurs, j'aurai u front là !..

1. Messieurs; je demanderai au 7ᵉ bureau de vouloir bien annexer à la
toi des égouts eaux, igouts et gaz, la question si importante des
ordures ménagères....

à Dieu ne plaise cependant, Messieurs, que je ne mette
en doute dans cette assemblée les bienfaits incontestables
de la prostitution au point de vue de l'équilibre social,
mais mes convictions religieuses me font un devoir d'affirmer
à cette tribune que = (applaudissements divers) avez-vous?

a. Je prie mes honorables interrupteurs de ne pas croire qu'il soit entré dans ma pensée de dire quoique ce soit d'offensant pour la majorité de cette assemblée.

« Messieurs, je ne m'attacherai dans tout ce débat qu'à une simple question de budget local.... »

« Non, Messieurs, ni vos récriminations, ni vos clameurs ne me feront fléchir dans l'expression de ma pensée... »

Messieurs, — dans tout ce déluge de projets, d'amendements, de lois de propositions et de contrepropositions qui se succèdent sur la question si complexe des loyers ; je vois un personnage que vous oubliez sans cesse : le *propriétaire* !...

Je demanderai à l'assemblée de présenter une simple observation....

Messieurs; je demanderai à la chambre de vouloir bien s'associer aux conclusions du cinquième bureau pour voter des remerciements à notre brave armée....

« Messieurs.... je serai court.... »

« Messieurs, le Temps n'est pas aux longs discours..... »

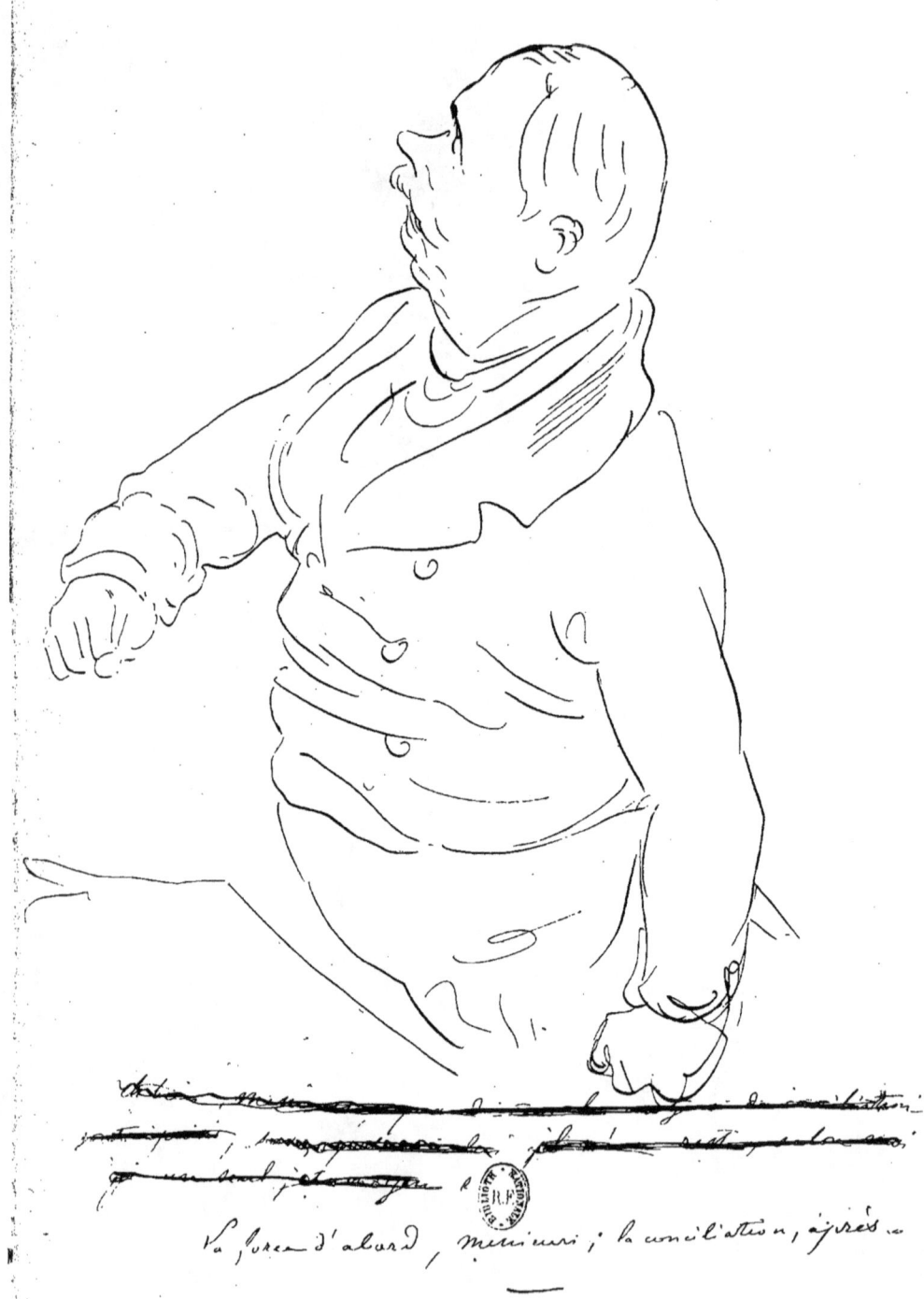

La force d'abord, messieurs; la conciliation, après...

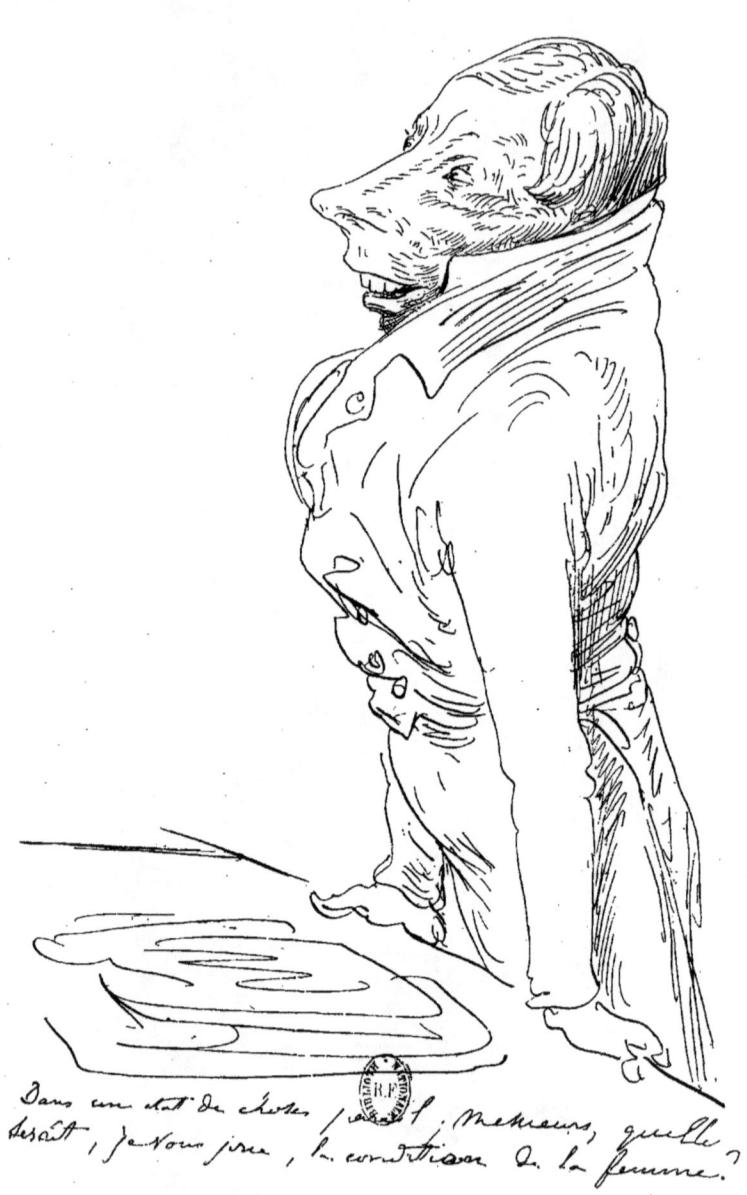

Dans un état de choses [...], Messieurs, quelle serait, je vous prie, la condition de la femme?

Et j'ai besoin, Messieurs, de toute l'indulgence de l'assemblée.....

Que voulez vous messieurs, je crois au bien... malgré tout; je crois au bien... et cette conviction Messieurs, est basée chez moi sur ce fait : c'est que le bien existe...

Comme vous le voyez, messieurs, un pareil système d'emprunts nous conduit forcément à l'épuisement et à l'anémie...

Voilà enfin, Messieurs, une solution à laquelle vous vous rallierez tous !... Serrons donc nos rangs, Messieurs et proclamons hautement la monarchie démocratique et sociale !!!...

« Et pour finir, messieurs, à quelle indulgence frivole ne coupables eussions-nous arrivés pour tant d'attentats et d'outrages au repos conjugal et à l'inviolabilité sacrée de la famille......"

Prenez y bien garde, Messieurs, toutes ces mesures présentent le grand danger d'enlever tous les bras à l'agriculture.

Messieurs, j'ai du bon sens, — je n'ai que cela... je ne suis pas orateur....

... Et l'on doit encore, messieurs, à cette infernale société de St Vincent de Paul...

« Messieurs, j'adois vous dire que j'abonde entièrement dans les idées que je vous expose ici ; — cette opinion, je la soutiens, parce que c'est la mienne ; et je vous déclare Messieurs que je la partage... —

Messieurs, avant tout je suis pratique...

C'est au nom des honnêtes gens, messieurs, que je monte à cette tribune.....

Messieurs, malgré un indisposition dont je souffre beaucoup, j'ai tenu à venir apporter de nouvelles explications à la chambre sur l'incident de la séance d'hier.

Et d'abord messieurs, laissez-moi vous dire ce qu'est en substance cette admirable congrégation des sœurs du sacré cœur de Marie.

Oh! de grâce Messieurs, plus de vaines paroles! Sachons conclure et dire que plus ces dissensions se prolongent, plus elles nous divisent.

Il est déplorable, messieurs, que pour une bagatelle de deux cents millions, le pays se prive d'aussi excellentes réformes.

Non, non Messieurs, ce n'est pas à une simple guerre civile que nous assistons, c'est à une lutte fratricide, que dis-je, à une lutte fratricide....!

« Un peu de bonne foi, je vous prie....
Car enfin... qui est-ce qui nous a donné les grands
principes de 89 ? Louis XVI, évidemment !...
Qui est-ce qui nous a donné notre grande et belle
révolution ? Louis XVI, assurément. Qui est-ce qui nous
a donné toutes les libertés dont nous jouissons aujourd'hui ;
Louis XVI, toujours Louis XVI --- Voyons ! il faut être
de bon compte. Dans toute discussion

Messieurs, j'ai des convictions basées sur des études que je puis dire
profondes, et je ne change pas d'idées avec les événements du jour....

Eh bien ! soit !... je suis réactionnaire

De tels récits, Messieurs ! on ne peut les entendre sans pâlir.

Messieurs, je suis de ceux qui prennent toujours les choses en face.

Quant à moi, messieurs, je suis parfaitement en mesure de vous dire quel est l'esprit de mes paysans...

Messieurs, je demande à communiquer à la chambre une simple réclamation contre les négligences du compte rendu sténographique. Je lis dans l'officiel de ce matin les lignes suivantes : Monsieur le Baron Foivard : "Messieurs, mon dévoiement vous est bien connu ; c'est Dévouement qu'il faut lire.........."

J'en demande pardon à l'honorable Monsieur Foirard dont le caractère, l'intégrité et la loyauté parfaite nous sont bien connus, mais ses chiffres sont inexacts

Mon honorable collègue Monsieur le Baron Foirard ne devrait cependant pas ignorer que si je pouvais parler et agir de la sorte, je ne serais pas le Marquis d'Aigrerette

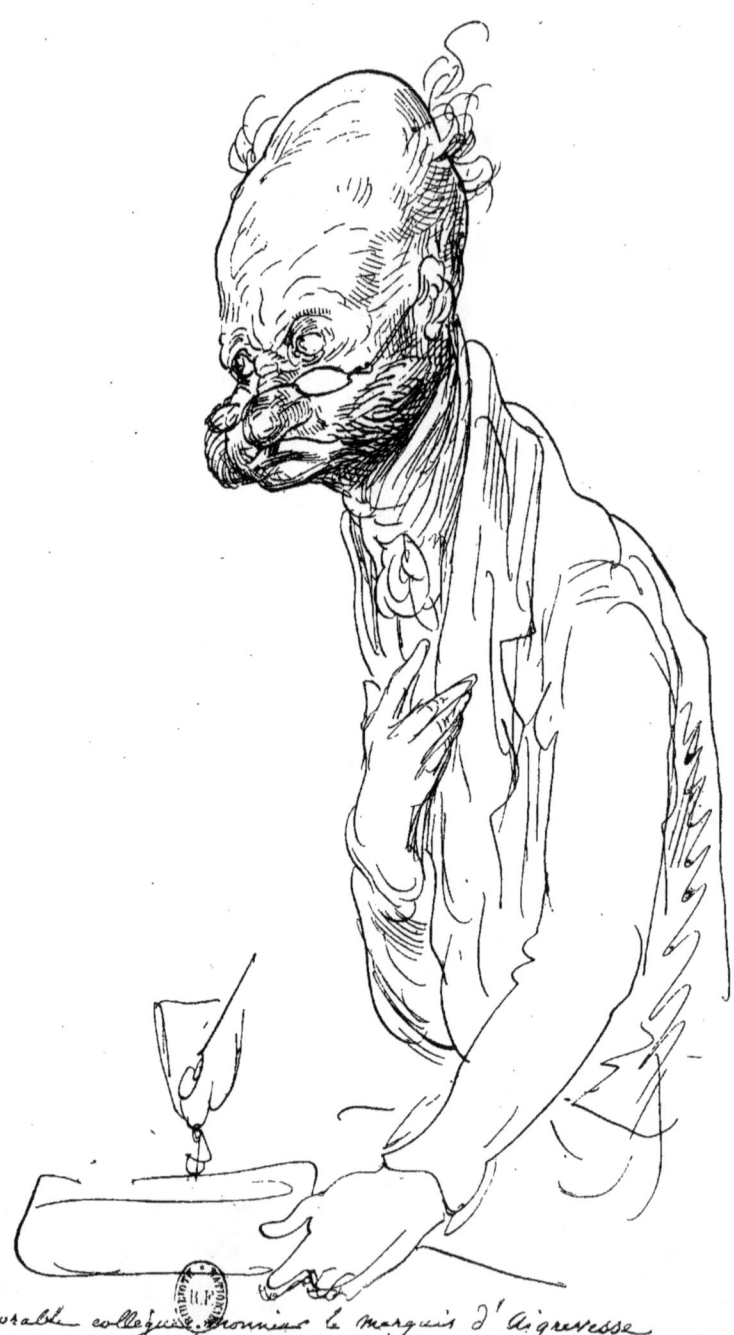

Mon honorable collègue Monsieur le marquis d'Aigrevesse se méprend sur le sens véritable de mes paroles ; en le taxant de duplicité politique, je n'ai rien voulu dire qui soit personnellement offensant...

J'appelerai l'attention de l'assemblée sur les déplorables ravages de la peste bovine...

Messieurs... la chambre me permettra d'élever un doute sur l'utilité véritable et le fonctionnement de ce que l'on appelle le bureau des mœurs.

J'ose me flatter, messieurs, qu'en pareille matière j'ai un certain coup d'œil.

Avant tout, Messieurs, j'aime que l'on soit droit.

Eh! Qui de nous, Messieurs, devant l'immensité de nos malheurs ne sent s'élever son cœur et quitter pour jamais les sphères étroites des intérêts d'un jour !!

Grande est votre erreur, messieurs ; ce n'est pas la discussion que l'on oppose à de pareils principes, c'est la cravache...

Messieurs, j'ai consacré toutes les études de ma vie à la
santé publique...

Messieurs, la loi est la loi ; un règlement est un règlement un ordre du jour est un ordre du jour ; nul n'est censé l'ignorer

Messieurs, il est bon de s'entendre ; les bons comptes font les bons amis ; et je ne vois pas pourquoi un député se laisserait indéfiniment méaniser par cette balançoire du mandat impératif... il faut que cela finisse... l'autre jour, je rencontre un de mes électeurs qui voulait me monter la même gamme... Je lui dis Mon cher, vous savez que ce n'est pas moi qui voudrais vous enduire d'erreur, c'est plutôt vous qui vous laissez rader par un tas de potins qui ne valent pas une guigne ; et puis vous voilà disant partout que je lâche ma profession de foi du mois de mai ; et que je suis un réac ; un ennemi du peuple (voix nombreuses : assez, assez ;...) vous savez bien cependant que je suis un homme qui n'écraserait pas une bête au bon Dieu sans utilité ; mais soyons courts (voix nombreuses : Oui ; oui ;) J'ai été un des premiers à réclamer pour mes électeurs le droit de pétition, et nous savons pourquoi en user largement ; mais pour ce qui est du mandat impératif !..... Merde !! (bruyantes exclamations sur tous les bancs

— 62 —

LA COMMUNE

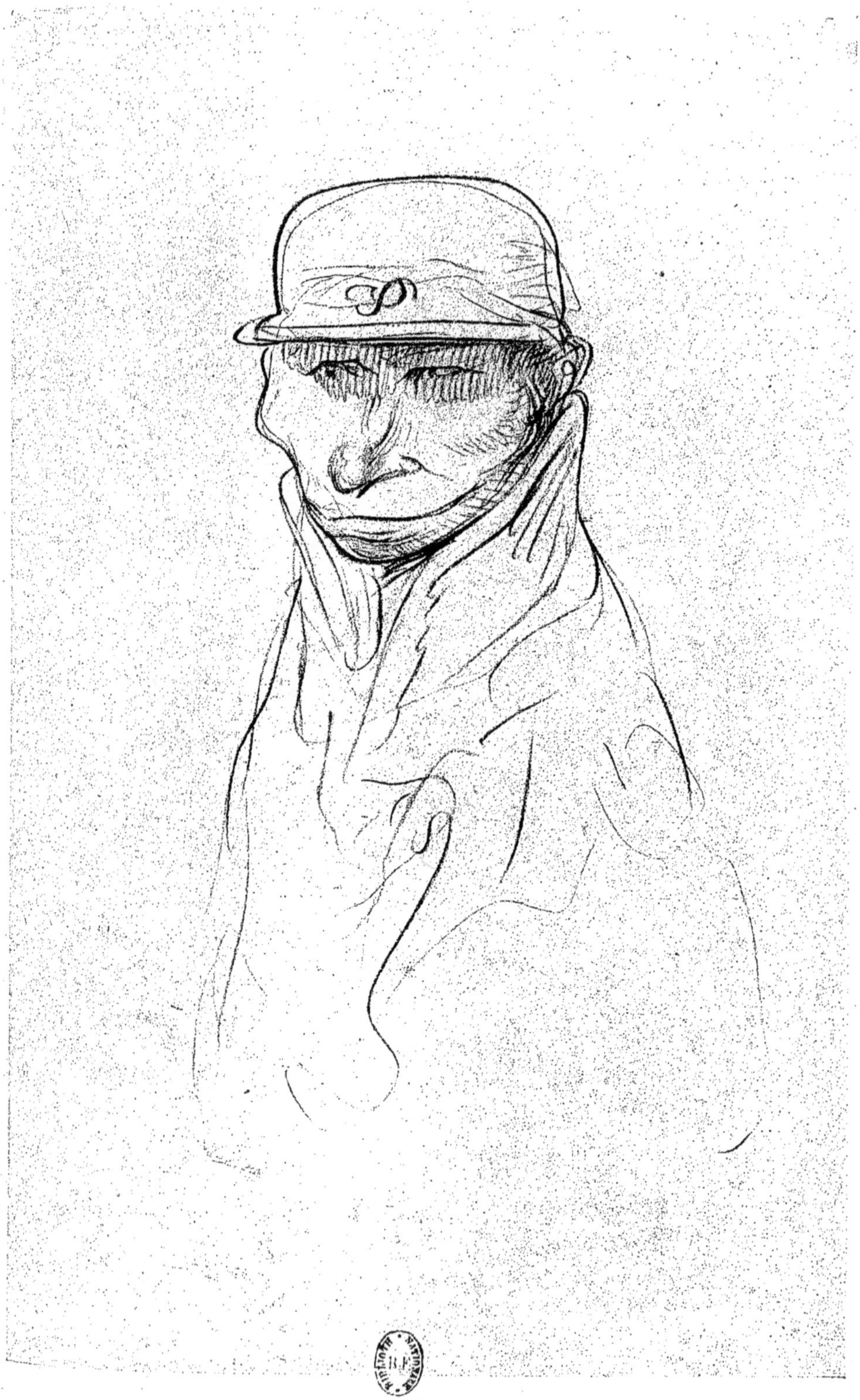

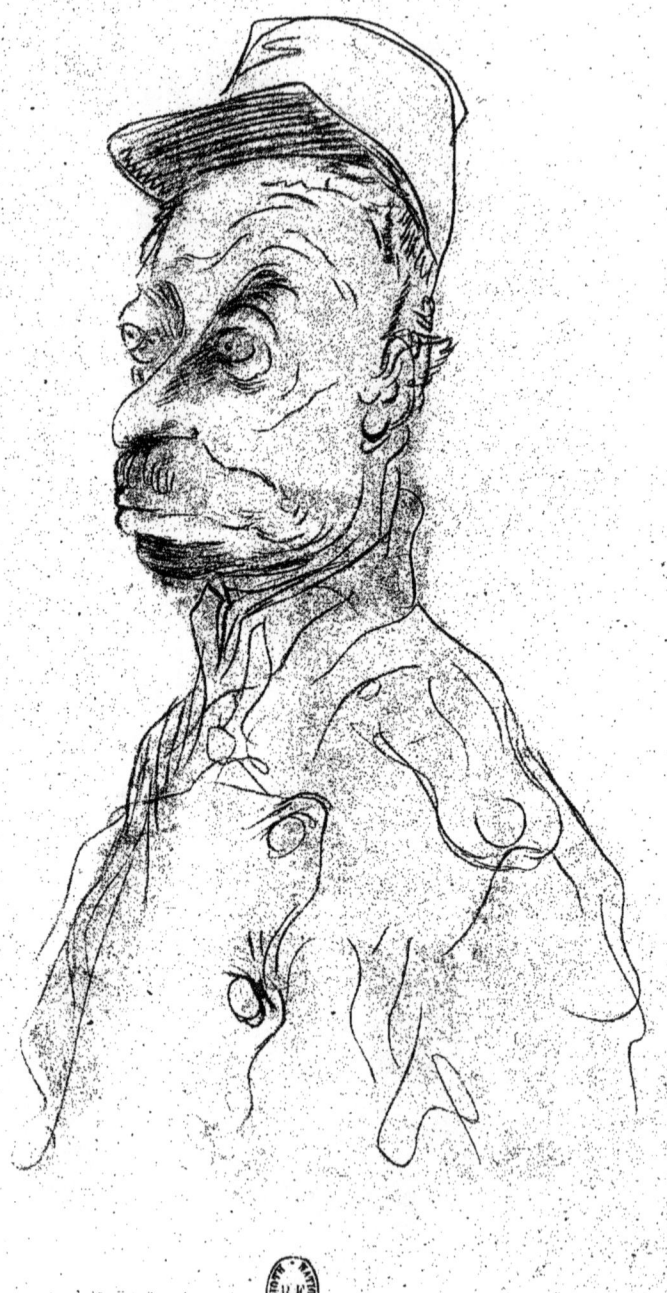

Il Conte Galopia

Il Dottore Nancoule
Secours aux blessées

— Il signor di montefiasco —

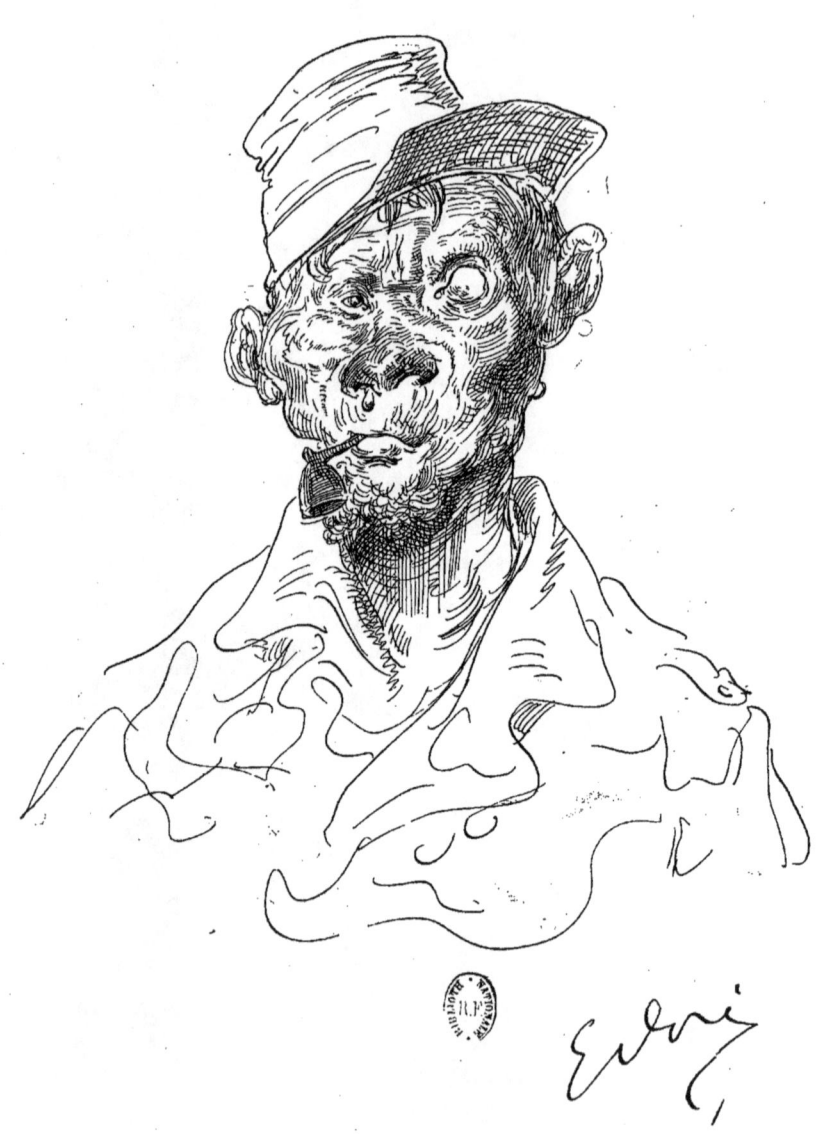

à mort, à mort ! fusillez le !........

— Quand j' vous dis que j'ai vu une sœur de charité achever un blessé !.... comme j' vous vois ?...

Pour quant à moi, la république, la démocratie
la sociale, la commune, le comité central et toute
la boutique, je n'en connais pas tout ça ! et je m'en
fiche un peu ! ce que je veux moi, c'est la
justice du peuple.

Pour ce qui est de la banqueroute de l'état, eh bien, voyons faut pas encore trop s'en faire un monstre — quand on est bon citoyen !...

Fais ta prière, mon vieux, tu es Touché ; où ça ?
je n'en sais rien ; mais pour Touché, tu es Touché !

Dame!... j' vas vous dire : si Henri V veut nous donner la
Commune ; si Henri V veut supprimer les curés, les impôts, les sergents
de ville, le capital, le grand livre, la préfecture de police ; enfin tous
les abus sociaux...!!... Dame alors, je suis son homme......

C'est égal, si ce n'était pas les entrailles qui me tourmentent toujours il y aurait beau temps que je leur aurais réglé leur compte —

« Vous ne savez pas ce qu'on dit ? on dit que Mr. De Vienne, avec Mr. Jules Favre et Mr. de Bismarck est en train de former un régiment de curés habillés en sergents de ville !..... où allons nous ?— Sauve France ...... »

Oh! monsieur le président ; pour tiré, j'avoue que j'ai tiré, mais ce n'était pas mon opinion.

Voilà la chose, M'sieu le président ; quand on m'a dit que M. de Vienne marchait sur Paris avec henri V, Plonplon Jules Favre et Pietri ; quand on m'a dit que ces gens voulaient bombarder nos maisons, piller nos musées, violer nos femmes, fermer nos écoles et les Cafés ; alors j'ai dit : la société, l'ordre avant tout, et j'ai marché !.... voilà la chose, M'sieu le président..........

LA MAGISTRATURE

La France : grâce ! grâce ! mon fils ; laisse-moi vivre, je suis ta mère ! . . . .

L'avocat : non, non, ! il faut que tu meures ; voilà deux cents ans que tu m'assassines avec ton ; res, non verba. — je t'en donnerai du res, non verba ! ; tiens, . . . tiens.

France : mon fils ! mon fils ! . . . .

« Que voulez vous mon cher ? nous sommes une nation pourrie, putréfiée
= que voulez vous qu'on fasse ? pour gouverner il faut des hommes
et nous n'avons que des avortons !... des petits crevés qui n'ont
plus ni foi, ni principes, ni volonté, ni santé !... que faire,
je vous le demande ; quand vous n'aurez institué une pénalité
mais une sérieuse pénalité ; la prison par exemple, l'exil, il le
faut pour tous ceux qui seront prévenus et convaincus de
ne croire à rien ; alors nous nous relèverons peut être,
peut être il y aura-t-il encore une France ; en mais d'ici là, mon cher
vous me permettrez d'en douter ... ah tenez, mon cher, quand on n'a
pour cela ; ou besoin des idoles, de foi et d'oublier ; sans cela on mourrait...
.... Venez vous, chez Irma ; j'ai une tristesse lourde ....

Il nous faut maintenant ~~foi~~ ~~grandis~~ une génération qui grandisse dans l'esprit de la vengeance ; croyez-moi, mes*d*. le moment est venu de faire des enfans........!

PARIS
TYPOGRAPHIE PLON-NOURRIT ET Cie
8, Rue Garancière. —

www.ingramcontent.com/pod-product-compliance
Lightning Source LLC
Chambersburg PA
CBHW062001180426
43198CB00036B/1911